小牛顿 科学全知道

14

台湾牛顿出版公司◎编著

九州出版社
JIUZHOUPRESS

小牛顿科学全知道

14

和蝴蝶一起飞舞

色彩丰富又鲜艳的蝴蝶，是大自然最美丽的舞者。

撰文／林柏昌（中华蝴蝶保育学会执行秘书）　摄影／林柏昌

插图／缪慧雯

咦，这只三星双尾燕蝶怎么有两个头？原来它是利用下翅的突起形成假头，以躲避天敌的致命攻击。

你可曾被美丽彩蝶翩翩飞舞的身影所吸引呢？

蝴蝶是昆虫世界中特别讨喜的一群。当我刚开始爱上蝴蝶，除了从书籍中认识蝴蝶的奥秘之外，最大的乐趣就是带着捕虫网，到野地里捕捉蝴蝶，然后小心翼翼地制成标本，珍藏起来。

可是，躺在标本箱里的蝴蝶标本虽然有美丽的翅膀，却早就失去了生命力！于是我放下捕虫网，改用相机来"捕捉"蝴蝶的身影。

凤蝶与粉蝶喜欢在阳光充足的环境活动，想要拍摄它们，往往得顶着烈日、弄得汗流浃背。某些蛱蝶与蛇目蝶喜爱阴暗环境，为了拍摄一幅理想的作品，除了要有耐心，也得准备填饱蚊子贪婪的胃。小灰蝶与挵蝶微小不起眼，要有敏锐的观察力才能找到它们……

在野地里拍摄蝴蝶虽然辛苦，不过也因此培养出对蝴蝶更深的感情！

深夜到清晨是蝴蝶羽化的时间，新生的凤蝶要在翅膀完全伸展后，才能开始飞舞。

5

追逐甜蜜

访花吸蜜是人们对蝴蝶的第一印象，不过蝴蝶的菜单上可不是只有花蜜哦！

有骨消的花朵虽然小，却有丰富的花蜜，吸引白纹凤蝶前来采食。

蝴蝶伸出长长的吸管状口器吸食花蜜，仿佛花间仙子，不过花蜜可不是蝴蝶唯一的选择。只要是流质的食物，它们都可能会吃，例如水、树的汁液、腐果、果实、汗水、酒，甚至动物的体液、尿液与粪便等。

蝴蝶飞行需要相当多的体力，所以能提供较多能量的花蜜，就成为多数蝴蝶的最爱。花

▶ 蝴蝶的口器长得像吸管，不用时卷起来收在头部下方。

▲ 腐烂的菠萝发出浓浓的香味，吸引蝴蝶前来吸食。

▲ 臭臭的动物粪便，对红边黄小灰蝶来说，是营养丰富的大餐。

▲ 从树干流出的甜甜汁液，是双尾蝶偏爱的食物。

蜜较多的冇骨消、食茱萸，以及许多菊科植物，是蝴蝶最喜欢造访的蜜源植物，开花时会有各种蝴蝶前来吸蜜。还有少数蛱蝶、蛇目蝶根本不吸花蜜，而是靠触角来"闻"出腐果或树液的位置，然后再饮用，所以在花丛间很少看见这类蝴蝶！

为了补充水分，蝴蝶也常喝枝叶上凝结的露珠，或一起到溪边潮湿的地上吸水，同时也能补充体内所需的盐分。

青带凤蝶聚集在溪边潮湿的地上吸水。通常只有雄蝶会这么做。

岛田氏泽兰在5～6月盛开，天气晴朗时，会有成群的青斑蝶在花朵间穿梭。

日出而作，日落而息

依靠花蜜为食的蝴蝶，在花朵盛开的季节出现。

蝴蝶的一生都离不开植物，在幼虫时期吃树叶，多数种类在成虫时期吸食花蜜及树液，所以春暖花开的季节，往往也是幼虫由蛹羽化为成虫的时候。

热带和亚热带气候的地区，天气温暖，大多数种类的蝴蝶一年可以繁殖好几个世代，因此除

了冬天之外，经常可以看到各种不同的蝴蝶出没，有些种类（如纹白蝶）整年都看得到。

蝴蝶属于日行性动物，一早起来晒晒太阳、活动筋骨，就开始一天的活动。它们上午忙着采蜜、求偶，中午过后就不太活动了，甚至到了下午3～4点就准

蝴蝶在枝叶或草丛间随处过夜，并不会寻找特别或固定的场所休息。

蝴蝶是变温动物，早晨要将身体晒暖后，才开始一天的活动。

备休息。天一黑，便找个隐秘、能遮风避雨的地方睡觉。所以到户外赏蝶，最好选在天气晴朗的早晨。

至于喜欢在阴暗处活动的蛇目蝶，多半在早晨才出现，而晚上就只能看到蛾了。

在紫蝶幽谷中，大量的紫斑蝶停在树上等待冬天过去，远望好像一棵棵蝴蝶树。

蝴蝶也会迁移

每年冬天，当台湾北部笼罩在湿冷的东北季风中，台湾南部几处温暖的山谷里，却聚集了数以万计的斑蝶。由于是以 4 种紫斑蝶为主，因而博得"紫蝶幽谷"的美名。

像这种蝴蝶大量聚集越冬的现象，目前全球只有在北美洲与台湾可以观察得到。北美洲的大桦斑蝶，每年冬季从加拿大南部飞到南加州和墨西哥过冬，这是昆虫世界规模最大的迁移现象。

四季如春的亚热带地区，即使在冬天也经常有纹白蝶出现。

布满鳞片的翅膀

蝴蝶的翅膀上密密地排列着鳞片，组成各种美丽的彩色花纹。

蝴蝶的触角末端膨大呈棍棒状。

蝴蝶的前翅呈三角形，是飞行时主要的动力来源。

复眼位于头部的两侧。

由于前脚特化，看起来只有 4 只脚。

后翅偏圆形，有平衡的功能。

蛾的触角呈羽毛状，停栖时翅膀平铺。
（摄影／陈应钦）

蝴蝶的头部有 2 根触角，成虫有 6 只分节的脚，身体分成头部、胸部、腹部 3 个体节，这些都是昆虫共有的特征。蝴蝶属于昆虫中的"鳞翅目"，鳞翅目最特别的构造就是特化为虹吸式的口器，方便它们吸食深藏在花朵中的花蜜。

蝴蝶透明的翅膜上覆盖着许多细小的"鳞粉"，身体表面也有鳞粉和鳞毛，不同色彩的鳞粉构成了翅膀的花纹。鳞粉显现出来的颜色，有些是鳞粉本来的色彩，有些则是鳞粉上细微的皱褶在反射阳光后所产生的光晕，所以蝴蝶在阳光下便显得更亮眼！此外，鳞粉还有防水、逃离蜘蛛网的功能。

鳞翅目昆虫主要有"蝶"与"蛾"两类，它们的生态习性、栖息环境都很相似，触角是区分它们最好的根据。如果触角末端膨大呈棍棒状，看起来像火柴棒或棉花棒，就是蝴蝶；蛾的触角则有锯齿状、丝状、羽毛状等形状。不过这个简单的区分法，也不是唯一的。

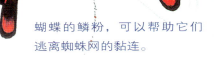

蝴蝶的鳞粉，可以帮助它们逃离蜘蛛网的黏连。

蝴蝶宽大的翅膀让它们可以在空中轻盈地飞翔。

蝴蝶属于鳞翅目，翅膀上排列着许多鳞粉。

石墙蝶在停栖时会张开翅膀，所以不能只是用翅膀的开合来区分蝶和蛾。

柔弱胜刚强

蝴蝶看似娇弱，为了躲避天敌，也有各种保命的小伎俩。

枯叶蝶是伪装高手，翅膀看起来像干枯的叶子，有些还有类似虫咬的痕迹。当它合翅停在地上或树干上时，很难被认出。

"模仿"是许多蝴蝶最拿手的保命方法。枯叶蝶及黑树荫蝶会假扮成枯枝落叶，让掠食者找不到它们。

斑蝶的幼虫吃有毒的植物，让毒性累积在体内，直到长成成虫，所以天敌不敢吃它们。有些没毒的蝴蝶则会模仿其他有毒蝴蝶的长相，以吓阻掠食者。此外，

小灰蝶后翅的假头，乍看之下就像真的头部。

同样有毒的斑蝶也会互相模仿，使掠食者对它们的印象深刻，因此有些青斑蝶和紫斑蝶，外形非常相似。

有毒的青斑蝶身上有特殊的花纹,警告掠食者不要吃它们。当它们被捉时,还会用假死来迷惑天敌。

无毒的斑凤蝶模仿有毒的青斑蝶的长相,让掠食者不敢捕捉它们。

雄青斑蝶的尾部有一对毛笔器,翻出时像一只毛毛虫。

有些蝴蝶的翅膀上有大大的眼状纹,像一对大眼睛,让捕食蝴蝶的动物不敢接近。

不会模仿的小灰蝶,则另有一套躲避掠食者的伎俩。许多小灰蝶的后翅肛角有一个"假头",是由1~3对丝状突起及醒目的斑点构成。当它们停下来时还会摩擦后翅,让天敌误以为那是真的头部而攻击。被攻击的小灰蝶虽然损失了部分的翅膀,却可以保住小命。

除了利用外形来欺敌,蝴蝶还有一些出其不意的行为可以保护自己。例如雄斑蝶被捉时,会突然翻出体内的毛笔器,让对方吓一跳而松手;有些蝴蝶则会一动不动地诈死,然后找机会逃走。

彩蝶双飞翼

从羽化到死亡，在蝴蝶短短 1 ~ 2 个月的生命中，最重要的事就是繁殖。

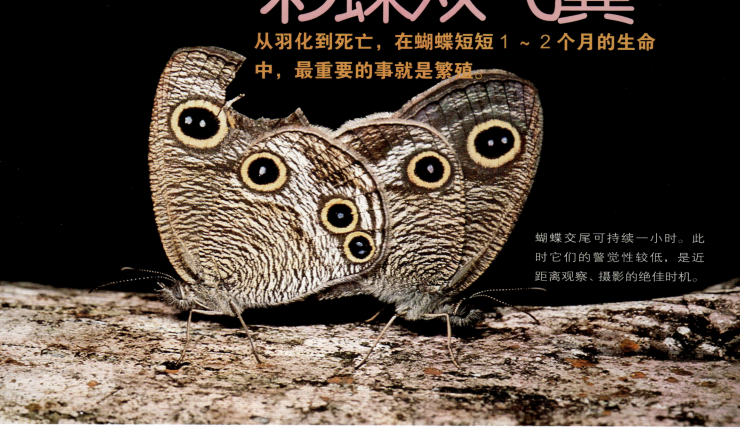

蝴蝶交尾可持续一小时。此时它们的警觉性较低，是近距离观察、摄影的绝佳时机。

在野外常可见到蝴蝶相互追逐的景象，有些是同种雄蝶在追逐较劲，有些则是霸占地盘的雄蝶正在驱逐路过的蝴蝶。不过，如果看到一对蝴蝶一前一后缓慢飞行，深情款款，那就是雄蝶追求雌蝶的"求偶飞行"。

雄蝶为了求得雌蝶的青睐，不管雌蝶正在访花吸蜜或静止不动，都会在雌蝶身旁反复绕行。

要是雌蝶接受了雄蝶的追求，两只蝴蝶就相伴飞舞，直到雌蝶先停下来，才进行交尾。

雄蝶努力跳着求偶舞，想要吸引正在访花的雌蝶。

雌粉蝶的尾部翘高，摆出了拒绝的姿势，求偶不成的雄蝶只好离开。

生、吞食，为了分散风险，大多数的雌蝶一次只产下一个卵，并且将卵散布在植物的不同部位，甚至不同植株上。

交尾过的雌蝶肩负繁衍族群的神圣使命，它们会精心挑选幼虫要吃的植物，然后才把卵产在植株上。为了让刚孵化的幼虫能顺利啃食叶片，雌蝶会尽量将卵产在嫩叶上，而且选择叶子下方的位置，以免卵受到风吹、雨淋或烈日暴晒。

蝴蝶的卵很容易被寄生蜂寄

蝴蝶生活史

蝴蝶是"完全变态"的昆虫，生活史可分为卵、幼虫、蛹、成虫4个阶段。幼虫期是成长阶段，必须不断进食并蜕皮成长，此时很容易成为鸟类、蜥蜴等捕食的猎物。有些幼虫一身翠绿，形成良好的保护色，有些则长着硬刺让人畏惧。

蝴蝶的蛹，可依胸部是否有一束丝带缠绕，分为"带蛹"及"垂蛹"。由于蛹无法任意移动，因此大多模仿周遭环境形成伪装，有的像枯叶，有的像断掉的树枝，有的像颗小果实。大自然之奥妙真是令人赞叹！

凤蝶的带蛹胸部有一束丝带缠绕，挂在树枝上像一片大花瓣。

雌蝶能够辨认幼虫吃的食草，并将卵产在嫩叶上。

缤纷的 蝴蝶

蝴蝶品种丰富，
有的美丽耀眼，
有的看起来根本就不像蝴蝶。

黄裳凤蝶体形大、色彩美丽，被大量捕捉，现已列入保育类昆虫。

凤蝶长得又大又漂亮，翅膀以黑色为底色，再增添一些红、白、黄、绿等色斑，主要吸食花蜜与水分。粉蝶多半以黄、白淡色系为底色，喜好阳光充足的环境。身躯粗肥、长相奇特的拶蝶，因飞行速度快、神出鬼没，而有"幽灵蝶"的称号。

小灰蝶的展翅宽只有 2～3

蛇目蝶喜欢栖息在森林阴暗处，或是森林边缘的林道上，朴素的外观形成绝佳的隐蔽效果。

粉蝶和凤蝶一样以花蜜为食，它们的鳞粉很发达，用手触摸时往往会沾满手指。

弄蝶的触角末端膨大，而且多了一个勾，有些种类在停栖时后翅平铺，和前翅呈一个角度，既像蝶又像蛾。

厘米，有些翅表有蓝、紫、绿色等光泽，因此被称为"飞行的宝石"。小灰蛱蝶和长须蝶，种类少且较少见。

斑蝶的幼虫以有毒植物为食，是名副其实的"毒蝶"；蛇目蝶以褐色系为底色，翅膀上有大大小小的眼状斑纹；蛱蝶家族间外形差异大，以逞凶斗狠闻名，常伫立在树梢明显处驱赶其他蝴蝶。

斑蝶偏爱菊科的蜜源植物，因为有毒不怕被猎捕，飞行速度慢，姿态飘逸，常在空中滑翔与盘旋。

蛱蝶喜欢在阳光充足的地方活动，停栖时张开翅膀吸收热量。

达尔文的演化之旅

编写／巫红霏
绘制／李茂群　石美兰

18世纪初，欧洲人认为生物是上帝创造的，种类永远不会改变。

到了18世纪末，科学家在地下挖出了一些古生物的化石。人们开始相信生物会随时间而改变。

为什么长颈鹿的脖子这么长？

因为它们得伸长脖子才吃得到高处的树叶，所以脖子这么长！

拉马克认为生物演化的法则是"用进废退"。

我们去玩吧！

1809年，达尔文在英国出生。他的父亲是医生，所以希望达尔文也念医学院。

儿子，等一下！

不然你去念神学，以后当个牧师吧！

爸，我真的对医学没有兴趣！

达尔文进入**剑桥大学**读神学，同时也做了许多博物学的研究。

1831年，英国海军的观测船"小猎犬号"前往南美洲测量海岸线，想找一位博物学家随船做调查。

亨斯洛教授，请和我们一起去。

我有其他的工作要做，不如请我的学生达尔文去吧！

好啊！

年轻人应该增长见闻，你就让他去吧！

可以吗？

既然如此，我也只好答应。

达尔文的舅舅

太棒了！

1831年12月27日，小猎犬号从英国出航。

好难过，没想到会晕船。

你还好吗？

如果不能适应，就让他早点回去吧！

3个月后，小猎犬号顺利到达**巴西**。

达尔文第一次看见**热带雨林**。

哇，真是壮观的景象！

对达尔文来说，这里是博物学的天堂。他不但看到各式各样的生物，还采集了许多有趣的昆虫。

7月底，小猎犬号停泊在乌拉圭，达尔文独自前往彭巴草原探险。

好大的巨兽化石！为什么这些化石和这里现有的动物差别这么大呢？

达尔文还看到牛仔在打猎。

1835年2月，智利发生了地震。

真的像莱尔爵士写的一样，**地质一直在演变中**；经过千百万年才形成现在的景象。

不久，达尔文来到**安第斯山脉**，亲眼见到地质的演变。

在海拔数千米的高山上……

没想到会有海里的贝壳化石。

好大的乌龟。

不久他们来到科隆群岛（加拉帕戈斯群岛）。

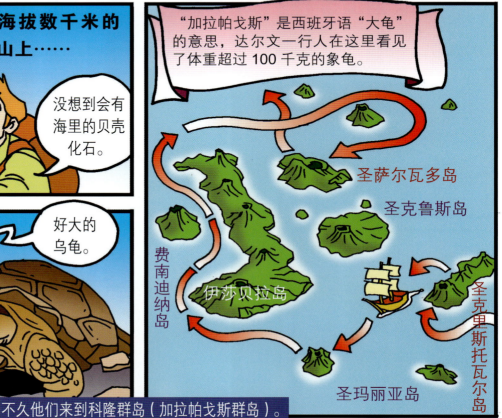

"加拉帕戈斯"是西班牙语"大龟"的意思，达尔文一行人在这里看见了体重超过100千克的象龟。

圣萨尔瓦多岛

圣克鲁斯岛

费南迪纳岛

伊莎贝拉岛

圣克里斯托瓦尔岛

圣玛丽亚岛

他还看到**海鬣蜥**，它们以海底的海藻为食。

另外还有陆地上的陆鬣蜥，每座岛上的鬣蜥长得都不一样。

真奇怪，为什么每座岛上的动物都很相似，却又有别？值得好好研究！

其中最特别的是一些**雀科的鸟类**。

嗯……这可能是雀鸟彼此竞争的结果，适应环境的雀鸟才能活下来，其他的就被淘汰了。

达尔文将雀鸟分为两大类，一类以吃昆虫为主，另一类则以吃植物为主。

吃植物种子的雀鸟，嘴又粗又厚。

吃昆虫的雀鸟，嘴比较尖细。

他发现雀鸟之间最大的差别是嘴的形状和羽色。

每座岛的象龟龟壳也有些不同。

21

有的雀鸟嘴较大，可以啄开坚硬的种子，吃到其他雀鸟吃不到的食物。

我知道了！它们一定是因为吃的东西不一样，才会演化出不同形状的嘴。

有些食物原来只有啄木鸟能吃得到，由于岛上没有啄木鸟，雀鸟竟演化出用仙人掌的刺将昆虫掏出来吃，填补了这个空缺。

哈，真是太有趣了！物种为了生存不断演化，和我从前知道的完全不同。

停留了一个多月后，小猎犬号离开了科隆群岛。

真是充满惊奇的岛屿。再见了！

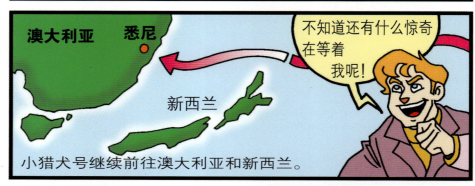

澳大利亚　悉尼

新西兰

不知道还有什么惊奇在等着我呢！

小猎犬号继续前往澳大利亚和新西兰。

这里的动物果然和北半球有明显的差异。

无尾熊

鸭嘴兽

鸸鹋鸟

袋鼠

鸭嘴兽是我见过的最奇特的动物！**因为澳大利亚是个独立的陆块，** 所以有许多独特的动物。

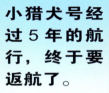

小猎犬号经过 5 年的航行，终于要返航了。

1836 年，他们回到了英国。

回国后，达尔文发表了许多地质学与生物学论文，因此成为英国皇家学会的会员。

不过他在航行中感染了寄生虫病，未老先衰，而且无法长时间工作。

20 多年后，达尔文出版了《物种起源》一书，引发热烈的讨论。

物种起源

他提出了 **"物竞天择、适者生存"** 的理论，认为生物会产生可以遗传给后代的变异。生物与生物之间需要为生存而竞争，只有适应环境的物种才可以存活下来。

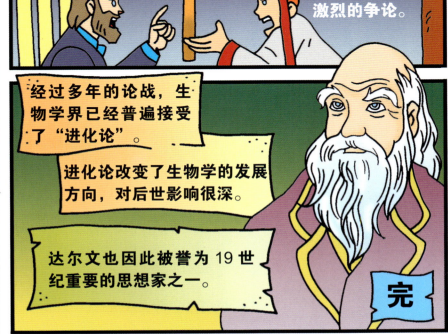

不过，达尔文的理论违反了宗教教义，因而引发激烈的争论。

经过多年的论战，生物学界已经普遍接受了"进化论"。

进化论改变了生物学的发展方向，对后世影响很深。

达尔文也因此被誉为 19 世纪重要的思想家之一。

完

火山形成的
大龟群岛

撰文／巫红霏

提出"进化论"的达尔文。

南美洲

科隆群岛

厄瓜多尔

太平洋

马吉那岛

费南迪纳岛

圣萨尔瓦多岛

伊莎贝拉湾

伊莎贝拉海峡

伊莎贝拉岛

圣克鲁斯岛

圣克里斯托凡尔岛

圣玛丽亚岛

西班牙岛

科隆群岛位于南美洲大陆的西侧，在赤道附近，总面积约 8,000 平方千米。（插图／叶敏华）

百万年前太平洋的海底火山爆发，使得南美洲西部外海出现了一个群岛——科隆群岛（加拉帕戈斯群岛）。至今海底火山的活动依旧活跃，群岛上有 2,000 多座火山，其中最大的伊莎贝拉岛上到处可见岩浆冷却后留下的痕迹。

1535 年，巴拿马的主教发现了这个群岛，由于他对岛上巨大的象龟印象特别深刻，就把群岛命名为"加拉帕戈斯"，西班牙语的意思就是"大龟岛"。

达尔文在这里得到进化论的灵感，此地也因此举世闻名。

动物演化的实验室

科隆群岛在刚形成时没有生物居住，由于离美洲大陆 960 千米，生物不易从大陆迁移到岛上来。后来出现的动植物，大多是被风吹来、乘浮木而

岛上最知名的动物是象龟，体重可达 100 千克，以仙人掌为主食。（插图／陈稳升）

不同嘴的达尔文雀

达尔文雀虽然长得很平凡，却是达尔文进化论的重要灵感来源。（摄影／潘建宏 《大地地理杂志》提供）

如果说科隆群岛是达尔文酝酿"进化论"的舞台，那么其中最重要的主角就是达尔文雀了！

加拉巴哥群岛有13种达尔文雀。

它们都长得很像，最大的差别是鸟嘴。达尔文发现，这些雀鸟的嘴形状跟它们所吃的食物有关——吃果核的雀鸟嘴厚而有力，吃虫子的雀鸟嘴比较尖细。

达尔文认为这些雀鸟都源自南美大陆，在种子较多的岛屿，嘴比较粗厚的雀鸟能有充足的食物来源，在生存竞争中取得优势，而其他的雀鸟就逐渐被淘汰。由于每座岛屿的环境不同，各岛之间达尔文雀的差异越来越大，终于进化出新的物种。

来或飞来的。

当生物来到这些小岛后，因为距大陆很远，小岛间又有海洋相隔，所以各自形成独立的生态系统。动物顺应各岛屿的生态环境，演化出不同的形态。科隆群岛的历史不长不短，动物虽已演化出不同的特征，却还保留着祖先的形态，让达尔文借此推论它们原属同一个族群。

加拉巴哥群岛就这样成为动物演化的实验室，也启发了达尔文"物竞天择"的进化论。

科隆群岛特有的海鬣蜥，以海中的藻类为食。各岛的海鬣蜥外形略有不同，种类多达7种。
（摄影／潘建宏《大地地理杂志》提供）

小牛顿 DIY 手工

在森林里可以做些什么？

撰文／编辑部
插图／许义彪　林志云

夏天是森林最热闹的季节。
白天充满了虫鸣鸟叫，晚上还有蛙类一起加入。
植物在此时长满了叶子、开出数不清的花朵，
召唤着昆虫为它们传播花粉。
在这样热闹的森林中，我们可以用怎样的方式，
将它们的美丽记录下来呢？

用身体测树高

甲站到远处，乙站在树旁，让甲计算一下这棵树大约等于多少个乙的身高。

乙

甲

完整记录一棵树

树是由树根、树干、树枝和树叶构成的，繁殖期会开花和结果。你知道它们各有哪些特征吗？一起拿起笔来，记录它们的样子吧！

26

拓树皮

这棵树的树皮有特别的纹路吗？用纱布沾点颜料，把它拓下来吧！▼

拓树轮

在你选定的树的附近找找，有没有砍过的树桩？用纸和蜡笔将树桩的切面拓下来，计算一下它可能有几岁了？再以树桩的腰围为标准，推算一下你选定的那棵树的年龄。

记录本

在你用来记录的纸的边缘打洞，编成一本小册子，就是一棵树完整的记录了！▼

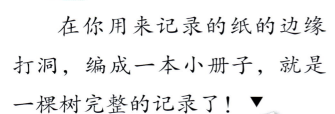

拓叶脉

▲叶子的形状也是植物重要的特征，可以把它们拓下来，也可以压在报纸里做成标本。

拜访植物

走在森林里，随时都可以看到掉落在地面的花朵和果实，有些植物的种子，甚至会粘在衣服或鞋子上，跟着我们一起回家！不妨将眼前的自然素材随手捡起，仔细观察和小心保存，能帮助我们认识大自然哦！

许多植物的种子上有特殊的钩刺或毛，会粘在衣服上，让我们帮助它们传播。

可以将粘在衣服和鞋子上的种子收集起来，检查一下它们是谁？它们之间有没有亲戚关系呢？

禾本科的植物可以长得很高，包着软毛和刺毛的种子也比较容易跟着动物传播出去。

郊外常见的鬼针草，也属于菊科，但它们的植株高度较高，而且有毛，可以随风传播。

菊科家族的某些成员植株很矮，带着钩刺的种子常粘在过路人的鞋袜上。

28

采一些花儿回家做成干花，不但漂亮，还有淡淡的芳香。到化学材料店买一些硅胶，铺在盒子里，再把花儿放在里面，这样做成的干花就不会变黑哦！

身体也能做量尺

如果知道自己有多高，我们就可以应用身高来测量树的高度。许多时候，身体就是一把最好的量尺，可以随时测量周围的物体。比如，将手掌张开，拇指和小指的距离，或拇指和食指的距离，可以当作一把小尺；量出跨一步的距离后，在走路时，只要计算走过的步数，就可以大略知道路的长度；向身体两侧伸出手臂，还可以测量大树的"腰围"哦！

留下大自然的颜色

形状特殊的叶子或花瓣，令人爱不释手。将新鲜的叶片或花瓣平铺在纸上，隔着一层保鲜膜轻轻敲打，植物的汁液就会印到纸上，这就是"敲染"。

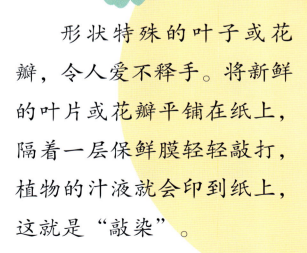

小小动物博览会

森林中有很多动物，较大型的是哺乳类，如松鼠、猴子等，它们生性敏感、害羞，通常在被发现之前，它们就已经躲起来了。倒是昆虫和蜘蛛等小动物比较容易接近，有些还能捉到。不过别忘了，捉来的昆虫，观察后一定要在原来的地方放走哦！

好不容易捉到一只昆虫，想仔细观察一下，不妨用松针（松树的叶子）和树叶做一个临时观测站，记录完后再将它放走。

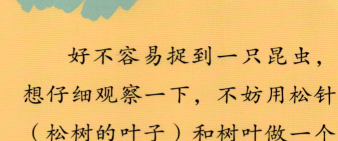

虫虫扩音器

想仔细听听昆虫悦耳的歌声吗？用纸杯捉一只昆虫，盖上蜡纸，然后把耳朵贴近听听，它们唱歌是不是都有独特的节拍？

　　昆虫的种类分成很多"目"，其中最容易做成标本的，就是鞘翅目的甲虫了。如果捡到已经死亡的甲虫，可以用热水泡一下，擦干后调整姿势，用昆虫针固定在泡沫塑料板上，就 OK 啰！正式放入标本箱后，别忘了摆一些防虫用的樟脑丸。

摄影／汪良仲

转印蜘蛛网

　　用喷漆小心地把蜘蛛网的每一根细丝都上色，再拿一张与喷漆颜色对比明显的纸压到蜘蛛网上，将蜘蛛网的形状印在纸上。好好研究一下蜘蛛网的结构吧！

喷漆之前，要记得在蜘蛛网的后面铺上报纸，否则后面的植物或草地就会被染色了。

31

和鸟儿做朋友

在赏鸟活动中，最让人沉醉的，就是用望远镜观察鸟儿的身影和行为了。

除了用望远镜观察它们之外，还有没有其他认识鸟儿的好方法？

走在树林里，很容易听见鸟儿的叫声。有些鸟儿的叫声很有趣。

不妨试着学它们的叫声，如果它们被你的声音吸引，会慢慢地、谨慎地靠过来，或飞到较高的地方盘旋。趁此机会，你也可以把它们看个够！

赏鸟时，要记下鸟儿的哪些特征，才可以帮助我们知道它的身份？除了大略画下鸟儿的外形，标示各部位羽毛的颜色和形状之外，鸟儿飞行和栖息的姿势也很重要。有些鸟儿停在树上时，尾巴还会上下摆动呢！

有些鸟儿会在空中盘旋飞行。

鸟儿身上最引人注目的，就是美丽的羽毛了。若有机会捡到鸟儿落下的羽毛，就可以趁机探索鸟儿飞翔的秘密。仔细看看，鸟儿的羽毛和哺乳类的毛发，有什么不一样？

摄影／曾义和

头部有黑色"过眼线"

背羽灰褐色、尾羽红褐色

腹部棕白色、腹部边缘橙黄色

停栖姿势：挺直

红尾伯劳（摄影／曾义和）

33

计算机病毒

资料提供／黄孟樵　绘制／赖有贤著作人工作室

计算机中毒……
出现奇怪的画面……哎，这个周末不能带你出去玩了！

没关系，下个周末再去好了。

舅舅的计算机中毒了。是收到**电子邮件感染**的。

计算机病毒真是防不胜防。

不管是**电子邮件、移动硬盘或光盘**，都可能被病毒感染。

不只这些，**上网浏览网页**也可能中毒！所以遇到不明来源的文字、图片和档案，千万别随便打开。

我知道。

我的计算机安装了防毒软件，**常常更新病毒码**才能确保安全。

扫毒中…

虽然有防毒软件的保护，还是要小心。因为要是有最新的计算机病毒，防毒软件也救不了你啊！

知道啦！
细心是我的特色哦！

是吗？

除了更新病毒码，**我还把自己的资料作了备份。**

这样就算病毒在硬盘里搞破坏，也不怕数据被损坏。

对了，舅舅找到解决病毒的方法了吗？

好像还没有。

好主意！

不如我上网帮他找解毒程序。

你这么善解人意，舅舅知道了一定很欣慰。

是啊，那今年暑假就叫他带我去迪斯尼乐园好了。

你比设计病毒的人还差劲！

大航海时代的跨国公司——
荷兰联合东印度公司

马可·波罗的《东方见闻录》记载的东方世界，
遍地是黄金，处处生长着珍贵的香料，神秘又富庶。
但是，通往东方的路究竟在哪里呢？

撰文／何君曼
插图／刘俊男

《阿姆斯特丹艾河上的斯埃尔斯塔》（阿姆斯特丹历史博物馆藏）。出发前往海外的荷兰水手在塔上与妻子、恋人话别，依依不舍、泪眼汪汪，因此这座塔又名哭塔。（图片提供／台北故宫博物院）

一心向往东方的欧洲人，纷纷寻找前往东方的捷径。意大利占了地利之便，掌控从地中海往东方的最短航路；葡萄牙人羡慕之余，派出达·伽马绕过非洲，另辟路线；而西班牙人则跟随麦哲伦，从南美洲南端的麦哲伦海峡，越过太平洋，抵达东方。

当欧洲各国终于找到前往东方的航路，见识到亚洲拥有的香料、生丝、黄金、砂糖时，便纷纷投入这个新发现的海上贸易战场。当时仍在西班牙统治下的荷兰，凭着优异的造船、航海技术，成为欧洲最发达的贸易区。

16世纪中期，荷兰因为宗教信仰的缘故，决心摆脱西班牙统治，争取独立。这场战争持续了80年，一直到1648年荷兰才赢得独立。就在对西班牙作战的同时，许多小型的荷兰公司也投入了亚洲的贸易战场，但是他们彼

荷兰
欧洲
亚洲
中国
北美洲
太平洋
大西洋
日本
地中海
非洲
印度尼西亚
太平洋
南美洲
印度洋
好望角
麦哲伦海峡

联合东印度公司
主要贸易航线
西印度贸易路线
奴隶贸易路线
东印度贸易路线

为求在亚洲谋得最大贸易利益，联合东印度公司在
200 年间，总共派出 4,700 多个航次前往亚洲。

此竞争，削弱了荷兰整体的竞争力。荷兰政府决心改善这种情况，于 1602 年将这些小型公司合并为联合东印度公司，作为荷兰对亚洲唯一的贸易窗口。

左图上方的 VOC 字样，是联合东印度公司的缩写。右图 BATAVIA（巴达维亚）则是指联合东印度公司在亚洲的总部。（图片提供／荷兰观光局）

17 世纪，荷兰商船将茶叶带进欧洲，喝中国茶很快就成为欧洲上流阶层的时尚。欧洲人习惯喝茶加糖，糖也是由亚洲进口的。

分号众多的"东印度公司"

第一家东印度公司，是 1600 年由英国女王伊丽莎白一世授权成立的。当时伦敦的商人，为了与欧洲各国争夺在东印度群岛（今印度尼西亚各个群岛）的香料业务，说服女王授权创设"东印度公司"。之后荷兰也跟进成立。当时，世界上以"东印度"为名的公司，不只两家。成立的目的，都是经营亚洲地区的航运与贸易，只是这些公司分属不同国家。

用枪炮、船舰打造贸易之路

1602 年成立的"联合东印度公司"，以军人为前锋，以船坚炮利作后盾，击退了亚洲贸易战场上的敌手，稳坐亚洲贸易第一把交椅。

稳稳固定在船舱中的大炮。（图片提供／荷兰观光局）

16 世纪起，荷兰的造船业就十分发达。当时荷兰人制造出一种平底快船，有利于长程航行和运送货物，而船正是前往亚洲最重要的交通工具。17 至 18 世纪，在荷兰联合东印度公司全盛期间，一共派遣了 1,700 多艘船只前往海外。

不过，使荷兰联合东印度公司得以在亚洲后来居上，超越西班牙与葡萄牙人，不只是因为庞大的船队与先进的造船技术，更重要的是荷兰政府允许这家公司

对其他国家使用枪炮。

荷兰联合东印度公司的董事会由荷兰各省的代表组成，公司内部的成员则有 2/3 是军人。为了提升在亚洲的竞争力，荷兰政府在公司成立之初，便授权公司能以国家名义与各国签订合约。

17 世纪起，荷兰联合东印度公司凭着优势武力，纵横亚洲海域。

一有战况，马上将炮口开启，对准敌人。
（图片提供／荷兰观光局）

38

公司还拥有专属军队可攻打、占领他国。

有了国家授权，带着军队航行海上的荷兰人果然所向无敌，遇见西班牙、葡萄牙船只，更是绝不手软。初期，在亚洲的海域内，只有中国船只才能躲过荷兰联合东印度公司的攻势。这是因为荷兰人非常希望有朝一日，明朝政府会开放与荷兰的贸易。所以当荷兰人登船取走中国人的货物以后，往往会支付一些货款，表明这是交易而非掠夺。

每一艘联合东印度公司派出的船，都挂有代表公司的三色旗帜。

船上有水手、随行船医、军人及公司的商务员，有时还会有欧洲各地的冒险家、艺术家加入。其中以军人的人数最多。

船舱中装满了由亚洲各地取得的货物，包含了香料、丝绸、瓷器和茶叶等。

压舱石

立足台湾，放眼中国

荷兰人"友善"的态度，并没有得到中国的响应，贸易大门迟迟不开启。联合东印度公司必须在中国沿海建立起新的贸易据点，等待机会来临。

1595 年，荷兰人在盛产香料的印度尼西亚建立起殖民地。荷兰联合东印度公司成立后，就以印度尼西亚的巴达维亚城（雅加达）作为亚洲总部，管理亚洲其他贸易据点。

17 世纪初，荷兰人几度尝试打开与中国的贸易大门，都未遂愿。

《手绘台湾海图》（荷兰国家档案馆藏）。为了航海需要，联合东印度公司特别重视地图绘制。（图片提供／台北故宫博物院）

当时邻近中国的国家，会派遣使者向中国纳贡，荷兰人在得知这个信息后，便一面等待派遣使者的机会，一面找寻靠近中国的贸易据点。他们首先看上澎湖，遭到明朝政府反对。1624 年，荷兰人转往距离澎湖不远处的台湾。

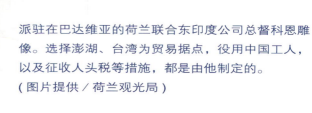

派驻在巴达维亚的荷兰联合东印度公司总督科恩雕像。选择澎湖、台湾为贸易据点，役用中国工人，以及征收人头税等措施，都是由他制定的。（图片提供／荷兰观光局）

抵达台湾后，荷兰联合东印度公司以大员（今台南安平）作为基地。这时的台湾岛上，已有不少中国和日本商人出入，进行彼此的商品买卖，或是以物易物和原住民交易鹿皮等货品。

为了方便管理，荷兰联合东印度公司在台湾成立了委员会，由总督、总督代理人、军队统帅和商人共同组成，制定各种法律和管理办法。同时，也招募原住民加入公司原有的军队，共同组成军队，保障岛上的安全，借此吸引更多中、日商人前来交易。

《番社采风图·捕鹿》。鹿皮可以销往日本，曾是台湾"特产"，单在1638年就输出了15万张。(图片提供／中研院历史语言研究所)

1624年建筑的热兰遮城 (Zeelandia)，是根据荷兰南方城市 Zeeland 命名的。Zeeland 是组成荷兰联合东印度公司的城市之一。新西兰 (New Zealand) 同样也以此城市命名。

《番社采风图·耕种》。为改善原住民的农耕技术，联合东印度公司引进了犁和水牛。（图片提供／中研院历史语言研究所）

甘蔗、制糖，猎鹿，并规定岛上每个人都要缴纳人头税，原住民则可以鹿皮代替。

1636年，台湾西部的原住民在新港举行归顺典礼，联合东印度公司在台湾的地位更为稳固。1648年，中国由于战乱，糖、米价格大涨，公司借机输出福尔摩沙生产的糖、米，大发利市，涌入的汉人更使得人头税收入增加，台湾成为获利最多的殖民地。

为了方便管理原住

上帝赐予的金银岛

台湾地广人稀、土地肥沃，利于耕作。起初荷兰联合东印度公司只想借着这里打开中国的贸易大门，然而短短时间内，台湾就成为公司获利最高的殖民地。

为了得到巴达维亚总部所规定的应得利润，使台湾的地利得以充分发挥，荷兰联合东印度公司驱使大批中国人种

《基督教牧师亨布鲁克在热兰遮城的牢房里》（欧福曼先生藏）基督教牧师是荷兰联合东印度公司"教化"、治理台湾原住民的主力军。（图片提供／台北故宫博物院）

正面装饰联合东印度公司船只图样的房屋。阶梯状的立面，是17至18世纪荷兰常见的建筑样式。
（图片提供／荷兰观光局）

里不仅教授荷兰语，也有原住民语文教学。在当时，原住民学习读书、写字，穿欧式服装和取荷兰名字，都渐渐成为风潮。许多荷兰传教士被派驻在原住民部落里传播信仰，也记录了福尔摩沙岛上的风俗习惯。

1662年，郑成功进攻热兰遮城，双方苦战了9个月。在久久得不到巴达维亚援兵的困境下，荷兰联合东印度公司被迫告别占领了38年的美丽之岛，返回巴达维亚。

民，联合东印度公司在原住民的村落设立不少学校、教堂。学校

黄金时代的荣光

17世纪50年代，荷兰联合东印度公司在亚洲、美洲贸易上的获利，创造了荷兰历史上的"黄金时代"。当时擅长经商的犹太人和流亡的新教徒，纷纷从信仰天主教的西班牙、法国涌入荷兰，新兴商业贵族和中产阶级也开始出现。富裕而开放的社会，促进了思想交流，也孕育出伦勃朗这样闻名世界的荷兰画派大师。

伦勃朗，《夜警》，阿姆斯特丹国立博物馆藏。
（图片提供／荷兰观光局）

动物园的
"雨扑满"

撰文/孙涵亚　摄影/廖泰基工作室

把凉亭的屋顶当作小面积的集水区，收集的雨水可以浇花。

你听过专门用来储存雨水的"雨扑满"吗？降雨丰富的地区，若能把雨水储存起来利用，是珍惜水资源的最好表现。

面积广大的动物园，就很适合设置大型的雨扑满来储存接收的雨水。这些水可以提供厕所、动物池用水及浇花。小型的雨扑满，则可以利用建筑物的屋顶收集雨水。

珍惜水资源不外乎"开源"和"节流"，省水是节流，利用雨水则是重要的开源工作。虽然都市中不易储存雨水，但仍可在学校或小区设置小型雨扑满。

储存的雨水可以提供厕所用水，但因为没有经过净化和消毒，不能拿来洗手。

色彩"胶"融的 胶彩画

撰文／谢秀明

用天然的矿物质颜料，加上胶调和、上色，这就是胶彩画的原理。

远古人在石头和墙壁上作画，是对大自然"形状"与"色彩"的模仿。但是，你想过"颜料"是怎么来的吗？当然也是从自然中取材啰！烧得黑黑的木炭是黑色的，泥土是黄褐色的，红色花是红色的……不过，要怎样将颜料固定在墙上和石头上呢？除了水、油，还有什么样的液体可以帮忙调和颜料，并将颜料固定住？

人类根据经验，从动物体内提炼出有黏性的脂肪或蛋白质，作为黏结剂，称为胶。

想象过"胶"可以用来作画吗？颜料加油调和作画就是油画，加水则是水彩画，用胶来作画就叫作胶彩画！

（摄影／廖泰基摄影工作室）

45

就地取材

远在旧石器时代，人类就已经懂得用胶调颜料来作画了！

在 6,000 多年前的彩陶文化时期，人们将兽脂加在矿物质或土质颜料里，调和后涂画在陶器的表面。不管是抽象的几何图案，还是模

《簪花仕女图》局部，周昉。"以胶绘彩"的技法在唐代蓬勃发展，由名家绘制的人物画，造型丰润优雅，色泽瑰丽。（辽宁省博物馆收藏。）

《沙漠之花》，陈定洋。胶彩画层层敷染的技法，适合表现细腻典雅的风格。（摄影／廖泰基摄影工作室）

胶彩的颜料

胶彩画的颜料以天然矿物质为主，各色矿石的质感、重量、粗细都不同，制作的过程非常讲究。画者必须熟悉并掌握各种颜料的特性，才能画出好的胶彩画。一般而言，颜色浓的颜料粒子粗重，颜色浅、接近白色的颜料粒子细而轻。除了基本颜色，还可调制中间色，在上色敷彩时表现繁复的美感。

颜色		来源
白		铅白、白土
红		朱、铅丹
绿		岩绿青
黄		黄土
紫		紫土
黑		墨

仿鱼、虫、鸟、兽及人的形象，都记录着先民丰富的想象力与创意。

用石头做成颜料？

胶彩画就是根据这样的原理，取用天然的有色矿石作颜料，如"丹砂"是红色、"空青"是绿色。

这些在大自然中收集到的有色矿石，经过研磨和淘洗等过程，再加入适量的胶水，就可以固定在纸、绢布或墙壁上，经过长久的侵蚀也不会剥落。这种绘画技法在唐代盛极一时，使得丹砂和空青这两种颜料被合称"丹青"，用来代表绘画。

《贝壳与花》，陈定洋。画植物时，必须对植物的构造、特性及生长规律有充分的了解。

以胶敷彩

有了颜料，还必须懂得用胶。胶的选择与浓淡的调配，对画面的效果及颜色彩度影响很大。胶彩画所用的胶有 3,000 多种，有的软，有的硬，画家最常用的有方块状的鹿胶、圆粒状或薄片状的鱼胶，以及长棒状的牛胶。

胶彩画用的笔，与国画用的毛笔类似，但须依着色、画线条、晕染、平涂或大块面涂覆等用途变换使用。（摄影／廖泰基摄影工作室）

胶质先以少量水稀释，再混合矿石颜料的粉末一起调匀，然后就可用毛笔沾染，在纸或绢布上作画。

《彩塘》，1987，林之助。对比强烈的色调，也能带来富丽堂皇的感觉。

层层敷彩的秘密

　　胶彩画的颜色来自天然矿物质颗粒的颜色，上色时一层层涂覆，让不同颜色的颗粒重叠，造成混合的效果，产生丰富又细致的色泽。如果在上色前就将不同颜色的颜料混合，可能会因各色颜料的颗粒大小、比重不同，不容易调得均匀，混色的效果也比较不理想。

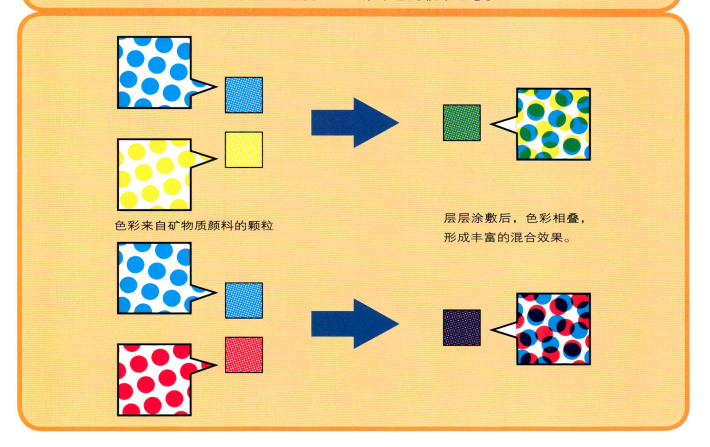

色彩来自矿物质颜料的颗粒

层层涂敷后，色彩相叠，形成丰富的混合效果。

多层敷色

　　矿物颜料无法混色但可重叠，所以上色时须一层层敷彩，约十几次，上下层同色或不同色皆可，经过多层敷染，就能展现丰富的色彩，营造纤细柔美的质感。这也是胶彩画的特色——工笔重彩，也就是线条细腻，色彩饱满。

　　胶彩可以画在纸或绢布上，不过绢布的质地比较细薄，无法承载过厚的胶彩颜料。因此，胶彩画最常画在纸上，而且以质地较厚、有韧性和弹性、能耐久的纸为佳。

《悠闲》，1935，陈进。胶彩画也适合描绘娴静典雅的女性。

日本的"国画"

唐代的绘画名家辈出，以浓丽的色调及带有装饰性的画风，勾勒出富丽的山水及丰饶的生活情景。

日本大化革新约与唐代同时，日本派遣许多"遣唐使"到中国学习，也将胶彩画传回日本，经过日本数代画家的钻研，逐渐发展出独特的艺术风格，成为日本的"国画"。

艳丽的用色是胶彩最大的特点，它有东方人独具的淡雅美感，强调写生及半透视画法，使用光影和中间色。胶彩画家们也一直在寻求突破，希望让胶彩画展现更多样的风格。

《莲池》，1930，林玉山。胶彩画家重视写生，据说画家曾深入观察荷花和荷叶的各种姿态变化。

胶彩画画看!

　　用白胶（南宝树脂）代替动物胶，水彩加石英砂代替矿物质颜料，也可以画胶彩。

　　记得每次只涂薄薄一层，干了之后再涂另一层。可灵活运用混色的原理层层涂敷，体会一下胶彩画的质感及效果!

磨细的石英砂
（也可以用海边的白砂）

白胶

水彩或其他颜料

1

2 加少许水，用毛笔调匀。注意，胶如果太浓，干了以后容易龟裂。

3 将毛笔笔头压扁，可用来勾勒线条。

4 平涂时，须注意每次只涂薄薄的一层。

金急雨 阿勃勒

撰文／宋馥华

"阿勃勒"是由孟加拉国古语翻译而来的名字。（摄影／郑元春）

　　每年初夏，阿勃勒的植株便从叶腋抽出长约30～60厘米的花梗，一根根地往下垂。花梗上数十朵鲜黄色的小花，像成串的黄色小风铃；有人觉得它们更像金色的雨丝，就称阿勃勒为"金急雨"。

　　除了令人惊叹的金黄色花穗之外，阿勃勒的果荚也很奇特。它的果荚长约30～50厘米，干燥时极硬，想敲断都很难。

　　阿勃勒的果荚虽硬，但只要泡在水里一会儿，便会一节一节地断开。果荚里面有黑色的膏状物质，可以防止种子腐烂，要是不小心沾到手上，可是很难洗掉的。阿勃勒的种子可以作为止痛药和轻泻剂，在古代就是名药了，不过吃多了，可会适得其反哦！

草丛里的声乐家——
番鹃

撰文／曾义和　摄影／曾义和

春夏两季，亚热带地区的低海拔和平地地区，常会出现一种比鸽子稍大的鸟类，缓缓地从低空飞过，降落在草丛或树枝上。它们有着褐色的双翅，挟着长长的尾羽，让人惊艳，但却喜欢藏身在草丛里，这就是杜鹃科鸟类中的番鹃。

番鹃是普遍的留鸟，由于冬

番鹃的体长约 42 厘米，冬夏羽色差异很大，冬羽以黄褐色为主。

夏羽色差异很大，常被误认为是不同的种类。杜鹃科鸟类常有托卵的行为，让其他鸟帮它们养育幼鸟，不过番鹃却会自行孵卵育雏。它利用植物的茎和叶，在灌木草丛筑巢。

冬天，番鹃几乎不鸣叫，比较不容易被发现。有些人常见到番鹃在墓地觅食，像在挖墓穴，因此认为它是不祥之鸟。

番鹃常在灌木草丛间捕食蝗虫、小蜥蜴、小蛙等，属于地栖性鸟类。

会咬人的植物

撰文／宋馥华　摄影／郑元春

咬人狗结果后，花托（支撑花瓣及雌雄蕊的花梗部分）会膨大，看起来像荔枝的果肉，味道甜美。

"咬人植物"特化出刺毛，是为了防止被动物采食。咬人猫叶片捣成泥外敷，据说可以治毒蛇咬伤。

植物没有嘴，怎么会咬人？原来有一类植物全身上下都是刺毛，毛里充满会引起刺痛的"蚁酸"（甲酸的俗名），要是不小心碰到了皮肤，那感觉就像被针刺一样，疼痛难耐。

最常见的"咬人植物"，就属咬人狗和咬人猫了。咬人狗生长在低海拔的森林及海岸林里，是长得很高的乔木；咬人猫则生长在海拔1,000米以上的阴湿的山间。咬人猫是低矮的草本植物，专门"攻击"穿短裤或凉鞋的人。为了避免被"咬"，到野外活动前，一定要认清它们的样子。若被"咬"到，可以涂碱性的尿液或氨水来中和蚁酸，减轻疼痛。姑婆芋的茎的汁虽然有毒，但因含有碱性物质，可以止疼。不过不能涂太多，以免再被姑婆芋汁液的毒性伤害！

不小心被"咬"到，可以折断姑婆芋的茎，用里面的白色汁液涂抹止疼。（插图／陈稳升）

石油与野驯鹿

撰文／孙涵亚　图片提供／加拿大旅游局

极地保护区内的麝牛，因为会散发麝香味而常遭猎捕，如今已被列入保护名单。

靠近北极圈的阿拉斯加极地保护区，是野驯鹿的繁殖地。每年春天，成千上万的野驯鹿聚集到这里生产育幼，到了秋天才离开。除了野驯鹿，狼、北极熊、灰熊、麝牛，以及上百万只的候鸟，都依赖这块土地繁衍；原住民哥威迅人的信仰、衣着、食物、用具、歌唱和舞蹈，都和野驯鹿息息相关，如果野驯鹿绝迹，哥威迅文化也将消失。

美国发现了阿拉斯加地区的石油，因而进行一连串的开采行动，这样的行为给这块土地带来了破坏，希望各国在开发资源的同时也能顾及生态的维护，让野生动物及古老的文化，能在此地生生不息。

居住在阿拉斯加的野驯鹿约有 13 万只，每年都会长途迁移，是陆生动物中迁移范围最广的。

让夏天变凉的空调

空调既能消暑，又能净化空气，真神奇！

撰文／邱秋梅　　资料提供／邱秋梅

空调该安装在什么位置最适当呢？东西面，还是南北面？靠近天花板，还是靠近地板？一边想，一边找答案吧！（插图／林文安）

在酷热的夏天，最好的消暑方法，就是吹冷气了！

在空调没发明以前，就有了电扇。最早的"冷气"，是用电扇吹冰块，产生凉风，使温度降低。根据记载，1880年，纽约麦迪逊广场的戏院，每晚要用掉40吨冰块！要多么大的容器，才能装得下啊！

19世纪四五十年代时，一些公共场所还在使用这种原始的"冷气"。将冰块放在大铁盘子

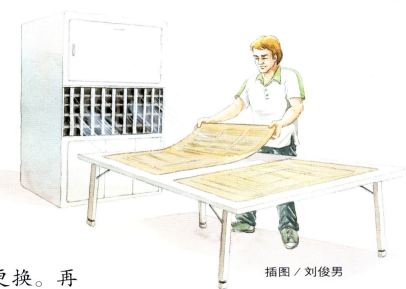

印刷厂特别需要空气调节，控制厂房的空气湿度。若太潮湿，纸张会相黏；太干燥，纸张又易碎。

插图／刘俊男

里，每隔一段时间就得更换。再说，融化的冰块会使室内湿度升高，所以，吹这种"冷气"，并不怎么舒服。

1902年，能"把夏天变冬天"的机器终于出现了。美国的开利先生发明了"空气调节机（空调）"，可将热空气转换为较干燥的冷空气，不但制造了凉风，也降低了湿度。后来克劳华在空调上加上过装滤网，用于过滤空气。从此空调开始进入人类的生活。

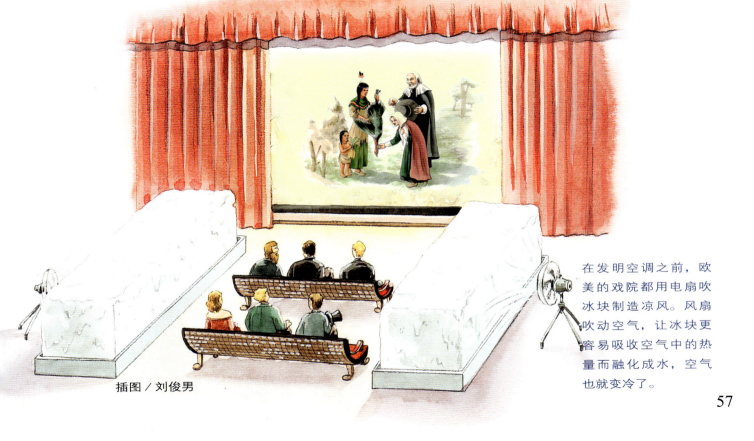

插图／刘俊男

在发明空调之前，欧美的戏院都用电扇吹冰块制造凉风。风扇吹动空气，让冰块更容易吸收空气中的热量而融化成水，空气也就变冷了。

空气变魔术？

就是空调里的"冷媒"，降低了室内空气的温度和湿度。

为什么空调能制造冷空气呢？涂一些酒精在皮肤上试试，是不是很快就干了，而且有凉凉的感觉？这是因为酒精吸收了身体的热，蒸发成气体，把热带走的缘故。

这么说，如果能把"热"带走，就可以降低温度了？没错！空调的原理就是这样的，它利用一种叫"冷媒"的化学物质，把热从室内"带"到室外去。

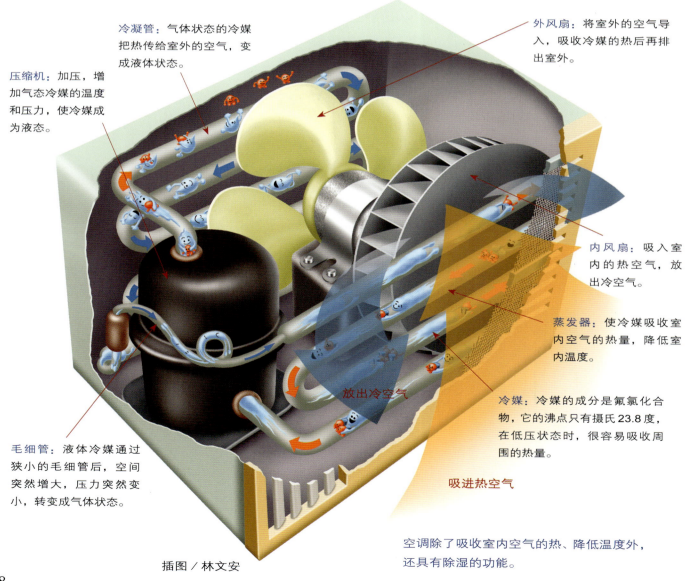

冷凝管：气体状态的冷媒把热传给室外的空气，变成液体状态。

压缩机：加压，增加气态冷媒的温度和压力，使冷媒成为液态。

外风扇：将室外的空气导入，吸收冷媒的热后再排出室外。

内风扇：吸入室内的热空气，放出冷空气。

蒸发器：使冷媒吸收室内空气的热量，降低室内温度。

冷媒：冷媒的成分是氟氯化合物，它的沸点只有摄氏23.8度，在低压状态时，很容易吸收周围的热量。

毛细管：液体冷媒通过狭小的毛细管后，空间突然增大，压力突然变小，转变成气体状态。

放出冷空气

吸进热空气

空调除了吸收室内空气的热、降低温度外，还具有除湿的功能。

插图／林文安

空调内有个压缩机，使冷媒从气态变成液态，再从液态变成气态。当冷媒液化成液体时，就会放热，和室外的空气接触，把热散到室外去。当冷媒汽化成气体时，就会吸热，和室内的空气接触，把热吸过来。就这样，借着冷媒，使室内的热量不断地传送到室外，室内的温度因而下降。同时，空气中的水汽也凝结成水滴，湿度也跟着降低了。

空调与暖气机

现在的空调多半与暖气机结合，因为暖气机的原理和冷气机的原理刚好相反：冷气机是把室内空气的热搬到室外，暖气机则是把室外空气的热搬到室内来。

（摄影／廖泰基摄影工作室）

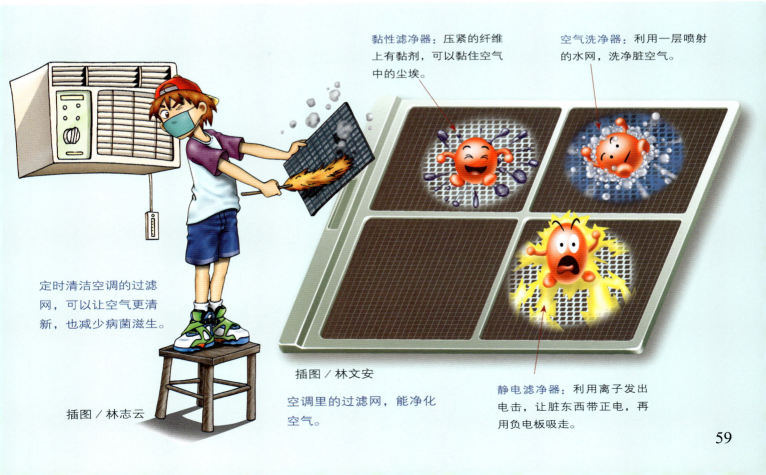

黏性滤净器：压紧的纤维上有黏剂，可以黏住空气中的尘埃。

空气洗净器：利用一层喷射的水网，洗净脏空气。

定时清洁空调的过滤网，可以让空气更清新，也减少病菌滋生。

插图／林文安

空调里的过滤网，能净化空气。

静电滤净器：利用离子发出电击，让脏东西带正电，再用负电板吸走。

插图／林志云

59

空调要更好！

为了舒适和环保，人们努力改善空调的功能。

空调压缩机的噪音常让人受不了，因此就有了"分体式"空调，将空调分成吹送冷空气的室内机，以及含压缩机的室外机。室内机通过软铜管将热气排到室外，而且一部室外机可以连接多部室内机，比同时安装多台窗式空调省钱、省电。

每到夏季，吹冷气使得用电量大增，常因此电力不足。要减少耗电，可以把空调安装在避免日晒的地方，并保持通风。安装时，尽量靠近天花板，因为冷空气较热空气重，最好让吹出的冷气自然下降。

开冷气时，可用电风扇加速冷空气对流，温度可再下降约3℃。

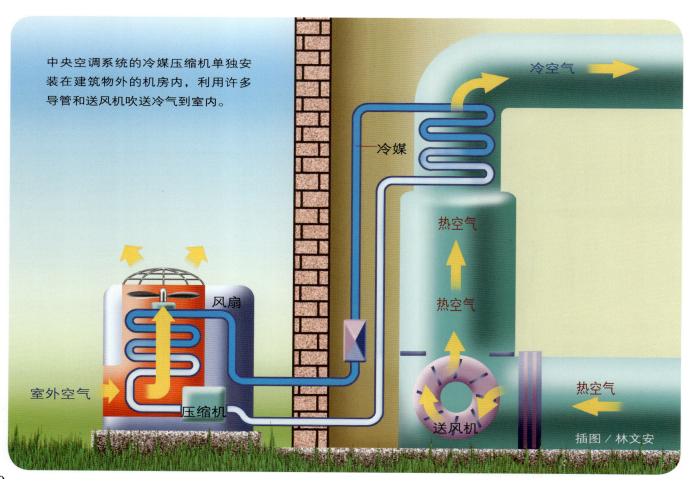

中央空调系统的冷媒压缩机单独安装在建筑物外的机房内，利用许多导管和送风机吹送冷气到室内。

冷空气

冷媒

热空气

热空气

风扇

室外空气

压缩机

送风机

热空气

插图／林文安

冷媒是一种氟氯化合物，使用 R22 冷媒会破坏臭氧层，国际上已经设定了禁止使用的期限。一些替代冷媒也陆陆续续被研发出来，这些替代冷媒不会破坏臭氧层，对于保护地球的环境可说是一大福音。

水冷式空调是用水冷却冷媒，中央空调或大空间的箱型空调，多采用水冷式。（摄影／廖泰基摄影工作室）

▲ 室外机

分离式空调分隔成室内机和室外机，压缩机运转的噪音不会传到室内。（摄影／李美绫）

▶室内机

健康吹冷气

让人们感觉最舒适的温度大约是 24℃ ~ 26℃，湿度大约是 55% ~ 65%。长时间待在空调房中，体内水分会慢慢流失，所以要记得常喝水补充水分，或放置一盆水维持湿度，避免皮肤干燥。正对着冷气口的人，须注意颈部和头部的保暖。

插图／陈稳升

奇特的 加州建筑

撰文／李美绫　图片提供／台北现代艺术馆

加州罗尤拉法学院。这样的建筑物，是否超乎你的想象？

你用积木搭过房子吗？想不想自己盖一栋房子住？房子一定要长得像火柴盒吗？快来看看非常有特色的加州建筑有什么不一样！

美国洛杉矶大都会区面积广阔，聚集了 1,600 万来自五湖四海的人们，不同文化在这里交流，建筑风貌也深具多样性。当代建筑怪杰法兰克·盖瑞认为建筑是在"雕塑"空间，所以应该发挥艺术创作的想象力，突破传统的局限，运用各种新颖的材料，为生活空间创造更多的可能性。

法兰克·盖瑞设计的家具，造型也突破传统。

20世纪意大利复古作曲家——雷斯匹基

撰文／崔光宙

早在文艺复兴和巴洛克时期（1400～1750年），意大利就是欧洲音乐发展的重心，韦瓦尔第、斯卡拉蒂、佩尔戈莱西、蒙特威尔第……都是名声如雷贯耳的大师。但往后的一段时期内，意大利在音乐上成就平平，意大利作曲家的成就仅限于歌剧。

直到20世纪初，雷斯匹基的《罗马三部曲》发表，才让意大利这个音乐古国重振雄风，在世界管弦乐发展史上占有一席之地。

雷斯匹基自幼随父亲学习钢琴，并大量阅读文艺复兴时期的历史书籍，立志要振兴意大利古文化。他曾念了9年的波隆纳音乐学校，1900年到俄国圣彼得堡演出，并随管弦乐大师里姆斯基科萨科夫学习管弦乐作曲5个月，时间虽短，却影响了他一生的创作。

雷斯匹基的管弦乐作品，集新古典主义、具象音乐、描写音乐于一炉，复古之中又有创新，为现代音乐史增添了新页。

《罗马三部曲》的"罗马节日"第三乐章，描写罗马人在庆祝葡萄成熟。

插图／陈稳升

63

图书在版编目（CIP）数据

小牛顿科学全知道. 14 / 台湾牛顿出版公司编著. —
北京 ：九州出版社，2014.4
ISBN 978-7-5108-2699-3

Ⅰ．①小… Ⅱ．①台… Ⅲ．①科学知识－青年读物②
科学知识－少年读物Ⅳ. ①Z228.2

中国版本图书馆CIP数据核字(2014)第032740号

小牛顿科学全知道 14

作　　者	台湾牛顿出版公司 编著
出版发行	九州出版社
出 版 人	黄宪华
责任编辑	周　昕
选题策划	陈禹舟
特约编辑	徐　蕾
装帧设计	蒿薇薇
地　　址	北京市西城区阜外大街甲35号(100037)
发行电话	(010)68992190/2/3/5/6
网　　址	www.jiuzhoupress.com
电子信箱	jiuzhou@jiuzhoupress.com
印　　刷	北京尚唐印刷包装有限公司
开　　本	880毫米×1160毫米 16开
印　　张	4
字　　数	32千字
版　　次	2014年5月第1版
印　　次	2014年5月第1次印刷
书　　号	ISBN 978-7-5108-2699-3
定　　价	20.00元